Mentions légales © 2021 Elena Debbaut

TEXTE INTEGRAL

Dépôt légal en Suisse en juillet 2021.
Tous droits réservés pour tous pays.
www.Debbaut.Solutions

Aucune partie de ce livre ne peut être traduite, reproduite, stockée dans un système de récupération, ou transmise sous quelque forme que ce soit ou par quelque moyen que ce soit, électronique, technique, photocopieuse, enregistrement ou autre, sans autorisation écrite expresse de l'auteur.

L'ensemble de cette publication, textes, ou images, ou tout autre contenu est protégé par le droit suisse. Pour les demandes de licence et le paiement des droits d'auteur, y compris à des fins éducatives ou non-profit, veuillez visiter le site www.debbaut.solutions et demandez une licence. La redevance minimale est de 2'200.- CHF (francs suisses).

Les reproductions en ligne sont interdites.

ISBN : 9798541417647

# TABLE DES MATIÈRES

Mentions légales
Introduction
L'entrepreneuriat est mort. 2
La vitalité entrepreneuriale est un nuage de fumée 3
L'entrepreneuriat moderne 6
La vision entrepreneuriale 8
Le mythe entrepreneurial en pratique 11
La nouvelle réalité entrepreneuriale 13
Le cercle vertueux de l'entrepreneuriat 17
L'entrepreneuriat par manque d'autres choix viables 18
L'entrepreneuriat forcé détruit des postes de travail 20
Le désastre entrepreneurial 22
La viabilité d'une entreprise dans l'actuelle économie 24
Le décalage de l'écosystème entrepreneurial 27
À propos de l'auteur 29

# INTRODUCTION

Cet essai d'économie et gestion présente quelques aspects d'ordre général sur la perception et la réalité du terrain avant et pendant la création d'une nouvelle entreprise. En effet, la compréhension de cette dynamique peut aider les futurs entrepreneurs à mieux s'adapter et créer une stratégie qui convient aux nouvelles exigences éthiques et le contexte d'affaires.

De nos jours, le lancement d'une entreprise est présenté comme un travail amusant, qui a seulement des aspects positifs, et où il faut se lancer sans se poser trop de questions. Or, c'est loin d'être le cas. Le plus souvent, l'implémentation des stratégies échoue. Le manque d'expérience des fondateurs et les pièges dans la gestion opérationnelle sont tout aussi nombreux. La théorie et les principes économiques d'un autre temps ne fonctionnent pas toujours dans la pratique du terrain. La méconnaissance des mécanismes réels du marché fait elle aussi, des dégâts, parce que la pratique du terrain est assez loin de la vision optimiste présente dans la propagande entrepreneuriale.

Cet essai n'a pas la prétention d'être exhaustif sur un sujet si vaste et complexe — mais une approche entrepreneuriale et pratique permettant d'identifier quelques pistes de réflexion.

*Elena Debbaut*

# LA PROPAGANDE ENTREPRENEURIALE

◆ ◆ ◆

*un essai d'économie et gestion*

## ELENA DEBBAUT

Publié et écrit en juillet 2021, par Elena Debbaut

# L'ENTREPRENEURIAT EST MORT.

Cela choque ?

Pas tant que ça, vous l'avez peut-être senti instinctivement dans le parcours de vos amis ou autres connaissances qui se lancent comme *"entrepreneurs"* d'une start-up et tentent de faire fonctionner une telle structure.

Vous avez peut-être lu aussi les titres de presse sur les entreprises fortement valorisées, mais qui ont fait faillite de manière inattendue, tellement les pertes financières étaient importantes.

Nombreuses entreprises sont mortes dès le lancement par absence de marché viable ou capital. Le plus souvent, l'implémentation des stratégies échoue. Le manque d'expérience des fondateurs et les pièges dans la gestion opérationnelle sont tout aussi nombreux.

La théorie et les principes économiques d'un autre temps ne fonctionnent pas toujours dans la pratique du terrain. La méconnaissance des mécanismes réels du marché fait elle aussi, des dégâts, parce que la pratique du terrain est assez loin de la vision optimiste présente dans la propagande entrepreneuriale.

Loin des histoires à succès qui sont fortement médiatisés, la réalité du terrain est différente.

# LA VITALITÉ ENTREPRENEURIALE EST UN NUAGE DE FUMÉE

Dans les faits, et comme vous allez le constater dans ma publication sous la forme d'un essai d'économie et gestion, l'entrepreneuriat est devenu un choix par manque d'options viables dans l'actuelle économie numérique.

La prétendue réussite, souvent bien appuyée par les chiffres impressionnants des entreprises enregistrées, n'est qu'un simple coup de marketing.

La vitalité entrepreneuriale est un nuage de fumée.

Certains diront le contraire, mais la réalité des faits est cruelle: un très grand nombre des *"nouvelles entreprises"* s'apparentent plutôt à un hobby de dimanche.

Ces nouvelles structures n'ont rien d'innovant, elles s'adressent à un marché surchargé, ou trop fragmenté, ou qui est difficile à faire grandir en taille, ou au pire, qui est très peu profitable sans un grand volume de ventes.

Leurs fondateurs manquent souvent de compétences polyvalentes pour implémenter et comprendre même des notions de base comme la gestion d'entreprise.

Or, une simple idée n'est jamais suffisante pour créer une entreprise viable.

Il existe aussi des entreprises viables, mais qui nécessitent des investissements très importants compte tenu de la longue durée nécessaire au développement du service ou du produit. Ces fonds peuvent ne jamais être obtenus, pour diverses raisons, et dont j'en parlerai dans une autre publication.

Comme par le passé, la création d'une entreprise se fait toujours dans la douleur.

Cela fait partie des risques pris par un chef d'entreprise, pouvez-vous penser à juste titre. C'est bel et bien le cas, sauf que nos jours, l'existence d'une entreprise est trop souvent mise en danger par une compétition déloyale et irrespectueuse des lois. Les moyens d'action contre ces structures sont limités.

C'est cela, le quotidien d'un chef d'entreprise. Le paysage entrepreneurial actuel ressemble ainsi cruellement à un Far-West, avec une réglementation fortement en retard par rapport aux évolutions technologiques et sociétales.

Les exemples d'échec entrepreneurial sont plus nombreux que par le passé. Les causes de ces échecs sont multiples, selon quelques pistes qui figurent dans les paragraphes précédents comme l'absence de viabilité, fonds investis, ou compétences entrepreneuriales.

Il est difficile de faire une statistique actuelle, tant le calcul des chiffres existants varie, ou les données sont incomplètes ou inexistantes.

Et non, le seul nombre des entreprises enregistrées ou leur valorisation n'est jamais un indicateur de réussite. Le nombre des postes de travail qui sont créés ou des prétendues innovations non plus.

Des articles de presse et quelques communications à but marketing laissent néanmoins penser le contraire.

Mais la réussite des entreprises promues à coup de divers prix et articles de presse est limitée en pratique. Leur portée est insignifiante même à l'échelle d'une région.

En effet, l'ouverture d'une échoppe dans un village de quelques centaines d'habitants n'est pas du tout une entreprise viable. Encore moins quand on y trouve seulement des céréales en vrac pour le petit déjeuner, et accessibles seulement pendant quelques heures d'ouverture par semaine. Le prétendu "*développement*" d'un réseau avec une dizaine de telles échoppes non plus. La fabrication artisanale de savons ou gâteaux cupcake, aussi biologiques qu'elles soient, non plus.

Plus encore: à quelques exceptions près, les marges opérationnelles dans les "*services à la personne*" sont insignifiantes pour pouvoir assurer la viabilité de l'entreprise.

Même les nouvelles entreprises dites "*multinationales*" avec bureaux partout dans le monde et actives dans le développement informatique ne sont pas toujours viables, et sont ainsi obligées d'externaliser plus de 90% de leur main d'œuvre dans les pays à faible coût salarial.

La levée de fonds est souvent faite dans le but d'éponger les dettes acquises pendant la phase de croissance. L'obtention d'un prêt n'est pas non plus une entreprise viable, ni signe de vitalité. L'existence du financement peut effectivement aider au développement des affaires, mais cela ne va jamais créer une entreprise viable. Pensez à WeWork, une entreprise valorisée à 47 milliards de dollars, et dont le modèle d'affaires consiste à louer des espaces de bureau partagés. Aujourd'hui cette entreprise est en état de quasi-faillite. Il y a un documentaire très bien fait, et qui illustre cette histoire.

# L'ENTREPRENEURIAT MODERNE

De nos jours, les chefs d'entreprise sont idolâtrés comme des demi-dieux. L'entrepreneuriat est même devenu une activité noble. En même temps, les idées actuelles pour se lancer comme chef d'entreprise laissent songeur.

Selon les tendances actuelles, il suffirait de se *"redécouvrir"* avec l'aide de quelques coach reconvertis récemment eux aussi dans l'entrepreneuriat, lire quelques articles sur Internet, faire quelques recherches sur *"idées de création d'entreprise qui cartonnent"* (c'est réel), et renaître comme un *"CEO de soi-même"* et aller jouer au baby-foot dans un espace de coworking prétendument innovant. Le tout, sans oublier les encouragements publics sur les réseaux sociaux par les citations de grands chefs d'entreprise qui ont réussi.

Pour réussir comme entrepreneur moderne, il suffirait ainsi de *"bien vouloir la chose"* et *"réaliser l'impossible"* tout en ignorant la gestion de ses opérations, les risques, et la viabilité de son entreprise.

Or, la création et la stabilisation d'une entreprise nécessite énormément de travail, sans compter ses heures.

Aujourd'hui, le mot *"start-up"* est aussi associé presque toujours à un fondateur d'entreprise charismatique, jeune, qui manie bien les mots, écologique, innovant et visionnaire. Dans cet ordre. La vision stratégique s'arrête quand il s'agit de la faire implémenter par d'autres, mais sans savoir comment. Les produits ou les services proposés par l'entreprise suivent le même schéma.

Dans imaginaire collectif, une "*start-up*" est encore instinctivement associée à une stratégie réussie dès les premières années, avec un produit ou service qui "*change la vie*" et une croissance des ventes impressionnante avec minimalement 3 (trois) chiffres annuels.

Sans oublier les levées de fonds de quelques millions qui font rêver et apportent une dose de regrets à ceux qui n'ont pas réussi à convaincre une certaine catégorie d'investisseurs. En pratique, ces levées de fonds ne sont qu'une grosse dette à rembourser.

Enfin, le "*succès*" d'une telle création d'entreprise se mesure en sa capacité à devenir "*licorne*" et se faire faire pousser au plus vite une grande corne valorisée à minimum un milliard.

*note:* depuis 2013, et dans la terminologie économique actuelle, une licorne (unicorn en anglais) est une entreprise start-up valorisée à un milliard

Ce n'est pas entièrement faux, mais la réalité est toute autre.

# LA VISION ENTREPRENEURIALE

Dans les années '60 déjà, la notion d'esprit entrepreneurial était glorifiée comme un moyen pour réussir sa vie professionnelle et personnelle.

Une entreprise était souvent le résultat du travail initial d'un fondateur talentueux. Les barrières à l'entrée avaient aussi fortement baissé avec l'apparition de l'économie des services et la popularisation des emprunts (qui n'est rien d'autre qu'une dette). Ainsi, la *"recette"* du succès avait changé par rapport aux siècles précédents.

Par le passé, une start-up avait souvent besoin d'investissements lourds dans les machines industrielles de fabrication et la fortune d'une bonne famille était donc une nécessité pour lancer une entreprise.

Dans cette économie moderne, l'entrepreneur allait seulement identifier un besoin du marché, venir avec un plan d'affaires et une stratégie pour satisfaire ce besoin.

Pour le capital de départ, notre entrepreneur allait utiliser ses économies ou hypothéquer sa maison, et éventuellement obtenir quelques emprunts auprès de sa famille. Il suffisait ensuite de faire ensuite un bon travail. Le tout, avec un bon mix marketing, un fort esprit éthique, et le respect du client.

La presse et le public adorent les histoires qui finissent bien. La fin heureuse est devenue presque une obligation.

Voici pourquoi, en majorité, les livres d'affaires pour les futurs chefs d'entreprise se concentrent sur ce type d'entrepreneuriat, avec un fondateur qui a commencé sans rien mais qui a eu du succès grâce à son travail.

Ce schéma se retrouve de manière similaire un peu partout. Le fondateur presque toujours immigré, sans connaître la langue de son pays d'accueil, forcément jeune, sans carnet d'adresse, et qui par la force de son travail acharné a poursuivi ses rêves, commencé sans argent, échoué plusieurs fois, et créé au final un service ou produit qui s'est bien vendu.

Après quelques dizaines d'années, voici comment notre fondateur d'entreprise est devenu un habitué des conférences sur l'entrepreneuriat, écrit des livres sur son succès, est donné comme exemple à suivre dans la presse économique, et est arrivé au stade de multi-millionnaire.

C'est la gloire de l'entrepreneuriat avec en prime, la reconnaissance d'une réussite financière.

Ce n'est pas faux: dans toutes les cultures, l'argent est une condition indispensable au succès. Et l'argent contribue toujours à une fin heureuse. Même dans les comptes pour enfants, le Prince et la Princesse ne doivent pas labourer les champs pour se nourrir, mais vivre à l'abri de tous besoins dans un grand château.

Aujourd'hui, à l'exception de la fin heureuse, les choses ont bien évolué: il suffit de penser qu'il est possible de créer un besoin par un service ou produit minimum viable (ou aller le copier pendant les hackathons de 48 heures depuis un autre site internet), demander avec insolence les fonds de départ aux investisseurs (qui sont submergés par les milliers de dossiers mal bâclés et sans potentiel réel), faire plusieurs pirouettes stratégiques hebdomadaires en vertu d'une prétendue adaptation au marché, et enfin, consacrer une énergie incroyable pour ruiner toute expérience client. Après tout, le client *"ne connaît rien"* et ne peut pas comprendre la *"grande vision"* de l'entreprise. Le client est presque toujours assimilé à un banal porte-monnaie.

Cette vision caricaturale n'est pas loin de la réalité parce qu'en pratique, un grand nombre d'investisseurs ne comprennent même plus ce que l'entreprise propose à la vente, ni son potentiel du marché, et les qualités opérationnelles d'un fondateur d'entreprise sont souvent négligées.

Soyons clairs: **la vision d'un fondateur d'entreprise a toujours été celle de gagner de l'argent**.

La notion de ROI (retour sur investissement) est la base même de toute démarche dans la création de son entreprise, que cela soit en Suisse ou ailleurs dans le monde. Par ailleurs, la viabilité des entreprises de type PME sur le marché Suisse est un sujet qui revient souvent.

Mais de nos jours, il ne s'agit plus de seulement gagner de l'argent, il s'agit en fait de gagner énormément d'argent. La notion *"énorme"* est toute subjective, mais les attentes sont telles qu'une entreprise doit absolument devenir une grande entreprise valorisée à un milliard.

Ce statut de *"licorne"* doit être acquis en seulement quelques années, et cela même si l'entreprise n'est pas profitable, et ne le sera qu'après une dizaine d'années au minimum, après et souvent avoir éliminé toute autre compétition réaliste sur le marché. Or, il n'y a rien d'innovant dans ce type de stratégies, seulement l'acquisition d'un statut de quasi-monopole, et un gagnant choisi au hasard par un fond d'investissements qui fait appel à un CEO homme-de-paille.

# LE MYTHE ENTREPRENEURIAL EN PRATIQUE

J'ai récemment discuté avec le patron d'une petite entreprise qui avait investi dans son entreprise l'entier de ses économies, plus encore un travail acharné de plusieurs dizaines d'années. Au bas mot, il s'agissait de quelques millions de francs.

Ce patron avait identifié un réel besoin sur un marché de niche très porteur. Les clients adoraient sa disponibilité, son savoir-faire d'expert, ainsi que le service et le produit vendu. Son entreprise devait *"un jour"* se développer et s'agrandir, dégager un bon profit, permettre à ses employés un bon revenu et une bonne retraite. Il faisait tout, très bien, et selon les manuels de gestion d'entreprise.

Le problème ?

Les nouveaux entrepreneurs et autres start-upeurs affamés situés à l'étranger ont aussi adoré son produit et son entreprise.

Les grandes entreprises aussi. En seulement quelques mois, tout son travail de recherche et ses brevets ont été copiés. Quelques mois plus tard, ses compétiteurs ont acquis une nouvelle position leader sur le marché, à coup de millions d'investissements en communication marketing. Les deux leaders du marché sont devenus les grands groupes ayant racheté quelques start-up copieurs.

La déception de ce patron fut très grande.

Presque 5 ans de travail intense, ses investissements, ses sacrifices personnels, et … pour rien.

Ce patron d'entreprise n'avait absolument aucune idée du monde actuel et de **la cruauté maléfique dans l'espace entrepreneurial**.

Ce patron ne pensait pas que ce contexte toxique pouvait exister et faire beaucoup de mal. En fait, la propagande entrepreneuriale l'avait empêchée de réfléchir aux subtilités de l'actuelle économie, principalement basée sur les services et où tout va très vite, quitte à délaisser les lois et les règles éthiques.

Dans cette situation, le principe de base de l'entrepreneuriat a bel et bien fait un dommage. La bonne réponse aux besoins du marché, la bonne stratégie, le travail de qualité, l'intelligence et l'éthique, et le bon service d'un produit réellement innovant n'ont pas été suffisants.

Cette histoire (sans aucune fin heureuse) se répète ad nauseam. La fréquence de ces *"accidents"* est en forte augmentation, et sont contraires aux statistiques actuelles sur une prétendue *"vivacité"* entrepreneuriale.

Le chemin vers la réussite est rempli de milliers de cadavres d'autres entreprises, aussi méritantes si pas plus, que les gagnantes choisies par un quelconque fond d'investissements spéculatifs ou des prétendus entrepreneurs voleurs.

# LA NOUVELLE RÉALITÉ ENTREPRENEURIALE

Le mythe entrepreneurial actuel laisse penser que la création d'une entreprise et son succès répondrait à un besoin du marché.

**Non**.

Dans l'actuelle économie numérique, cette ancienne idée ne correspond plus ... aux besoins du marché.

L'identification d'un besoin du marché, qui permet de créer une entreprise viable et capable de créer un *"cercle vertueux"* n'existe plus. Pour certains secteurs d'activité, l'analyse du potentiel d'entreprise par les fonds d'investissements se fait en quelques secondes et de manière totalement automatisée.

De plus, aujourd'hui, tout se copie, quel que soit le service ou le produit, ou sa difficulté. L'éthique dans les affaires est devenue une notion désuète.

L'irrespect des lois (et sans se faire prendre) est devenu presque une condition indispensable de réussite pour tout créateur d'entreprise et patron déjà existant, ou qui envisage de l'être.

En majorité, l'incompétence, le manque de savoir-être et communication, et l'absence d'éthique sont devenus des conditions presque indispensables pour « *réussir* » avec son entreprise.

De nos jours, le nouveau « *patron* » d'entreprise a seulement besoin d'un bon carnet d'adresses mais qui vont lui ouvrir les portes pour recevoir un financement tout simplement irréaliste par rapport au potentiel réel. Le temps que ça dure.

Et même si un entrepreneur voyou « *se fait prendre* » alors les procès sont longs, avec des punitions ridicules par rapport aux gains réalisés entre-temps.

Il suffit ensuite de demander aux agences de communications et relations publiques quelques communiqués, et les clients oublient vite les méfaits de ces entreprises hors-la-loi et peu éthiques.

Sous le prétexte de « *bien faire* » le vol est officialisé et se monnaye en plein jour, entre les listes des clients, la technologie, les brevets, et même quelques textes d'un article de blogue ou des livres en économie et gestion.

En grande majorité, la propriété intellectuelle n'est plus protégée de manière efficace, et cela même dans les pays dits développés.

Quelques tartuferies juridiques plus tard, et la demande d'impunité est présente en seulement quelques paragraphes. L'esprit des lois et la volonté des législateurs sont détournées en plein jour.

Les approches éthiques dans les conventions internationales restent au stade d'une simple recommandation qui n'est même plus suivie. Ce n'est pas tout : à peine adoptée, la législation est déjà en retard. La technologie va trop vite. L'évolution de la société aussi.

Les barrières, même morales, tombent de plus en plus.

Le système judiciaire est lent pour les lois existantes, et n'arrive plus toujours à apporter l'ordre nécessaire à un écosystème sain pour les entreprises ayant un bon potentiel. **En pratique, l'irrespect des lois est devenu la nouvelle loi.**

En effet, la vitesse de changement de la technologie et de la société oblige les entreprises à aller aussi vite que cette évolution, mais souvent, c'est au détriment de l'éthique. J'en ai parlé plus en détail dans mon livre sur la face cachée de l'économie numérique.

À quelques exceptions près, et limitées à des secteurs d'activité ou zones géographiques bien distinctes, c'est ainsi la nouvelle manière de penser dans le monde des entreprises.

La misère morale ne s'arrête pas là.

Surtout dans le monde anglo-saxon, il existe de nos jours même des prétendues « *associations* » dont le but économique consiste à conseillent à leurs membres de violer les lois existantes, ou trouver des failles.

Fort heureusement, il existe encore des exceptions à ce paysage sombre. Ainsi, le marché européen est peut-être moins dynamique dans son ensemble, mais bien plus stable et respectueux de l'humain. Le marché suisse suit aussi cette tendance, bien qu'il y ait d'autres spécificités qui y contribuent à son succès.

Il y a ainsi un bon nombre **des entreprises de qualité qui réussissent sans vendre son âme**, mais le chemin est plus long, moins rapide, et plus difficile.

Les chances d'échouer avec une telle stratégie sont effectivement plus grandes, tout comme la possibilité réelle de se faire dépasser par une compétition étrangère qui méprise l'éthique et même les lois.

Le succès d'une entreprise éthique est néanmoins plus solide et durable dans le temps.

Malheureusement, il est difficile de suivre un tel chemin.

Une entreprise pourrie et sans éthique qui a "*réussi*" en toute impunité, et en voilà d'autres qui copient ou imitent la même stratégie, ses méthodes opérationnelles, et ses manières de communiquer.

Il y a même une multitude de stratégies appliquées depuis les grandes entreprises et qui ont fait l'objet de nombreux scandales. Et pourtant, il existe d'autres méthodes pour créer et choisir la bonne stratégie d'entreprise.

# LE CERCLE VERTUEUX DE L'ENTREPRENEURIAT

Le monde des affaires et des entreprises n'est pas compliqué. Une nouvelle entreprise crée un service ou un produit qui répond aux besoins du marché. Les ventes répétées permettent à l'entreprise de s'agrandir, investir plus, créer de l'innovation, et embaucher de nouvelles personnes, produire plus, et vendre encore plus.

Un collaborateur participe au succès de l'entreprise et est récompensé avec un bon revenu.

L'entreprise et les personnes qui y travaillent payent des taxes qui sont utilisées à bon escient pour construire des écoles, des routes, ou établissements de santé.

Dans la même ligne, une entreprise ou ses collaborateurs contribuent au développement d'autres entreprises par leurs achats d'autres services et produits.

Ce cercle vertueux permet la création d'une stabilité économique et psychologique pour les personnes qui y travaillent, le développement d'autres entreprises, l'apparition de nouvelles véritables innovations, et au final, une région ou pays fort.

# L'ENTREPRENEURIAT PAR MANQUE D'AUTRES CHOIX VIABLES

Aujourd'hui, de nombreuses personnes sont forcées d'aller vers l'entrepreneuriat.

Or, cette voie est très risquée.

Une majorité d'entrepreneurs n'ont pas les compétences techniques, opérationnelles et stratégiques pour répondre aux besoins du marché, mais ils se doivent d'aller vers l'entrepreneuriat. Les raisons de ce choix sont multiples et complexes, mais c'est principalement à cause du fait que le nombre des postes de travail se réduit de plus en plus. **Les progrès technologiques réduisent les besoins en main d'œuvre.**

Je crois beaucoup dans la technologie. La technologie est une très bonne solution pour réduire le pourcentage de labeur difficile, les risques d'erreurs humaines, les accidents de travail, et offrir ainsi de plus de temps pour la création et la vie. Et pourquoi pas, pour ceux qui le souhaitent, même bénéficier d'une semaine de travail de 15 heures, telle prédite par un économiste comme Keynes dans les années 1930.

En même temps, l'automatisation des tâches auparavant exécutées par des humains détruit des postes de travail.

Cette automatisation crée effectivement de nouveaux métiers et postes et travail, mais leurs exigences ne sont pas toujours accessibles intellectuellement, même en cas de reconversion.

Je l'ai écrit par le passé, et je le répète: le capital intellectuel nécessaire pour faire face aux exigences actuelles pour les nouveaux métiers **n'existe pas en quantité suffisante sur le marché**.

En effet, la distribution de l'intelligence dans l'ensemble de la population suit une courbe bien spécifique. C'est donc illusoire de penser qu'il est possible d'avoir une majorité de la population capable de devenir docteurs, généticiens, ou développeurs informatiques de haut niveau.

Même des postes de travail perçus comme *"simples"* infirmiers ou opérateurs dans un dépôt nécessitent aujourd'hui des compétences supérieures à la moyenne existante sur le marché.

Enfin, un grand nombre d'individus n'ont aucun désir de se lancer comme *"entrepreneur start-upeurs"* mais seulement de vivre dans une *"zone de confort"*. Le salariat permet d'offrir, même temporairement, cette zone de confort. Même un entrepreneur expérimenté s'y plaît dans cette zone; avec des affaires qui *"marchent"* en suivant un rythme de travail respectueux pour tous.

Le contraire serait un mensonge.

Ce n'est pas pour rien que tout et chacun a une forte perception de sécurité dans cette zone de confort.

Mais de nos jours, le marché force de sortir de cette zone de confort, et aller vers un entrepreneuriat forcé, par manque d'autre choix.

# L'ENTREPRENEURIAT FORCÉ DÉTRUIT DES POSTES DE TRAVAIL

L'accès plus rapide à la technologie et la baisse des coûts a permis aussi à un plus grand nombre de personnes de se former en autodidacte, et se lancer comme *"entrepreneur start-upeurs"*. C'est une très bonne chose, sauf quand il s'agit de secteurs d'activité dont l'offre est déjà très importante en qualité et nombre.

Prenons le secteur du *"coach"* et services d'accompagnement personnalisé comme exemple le plus illustratif d'un service en suroffre. Ou encore les *"intermédiaires de services"* qui utilisent le travail d'autres *"indépendants"* sur des plateformes informatiques qui sont développées dans les pays à faible coût salarial.

Dans ce contexte, les demandes se font rares, et l'ajout de quelques mots *"innovation"* n'apporte plus de clients. **Le marché n'est pas devenu plus compétitif dans le sens sain du terme.**

Le marché actuel est devenu surchargé par des offres et services trop similaires, voire identiques, avec messages marketing et textes de pages web copiés carrément en entier depuis les autres publications qui apparaissent dans les premières pages en Google. Vous l'avez certainement déjà observé par vous-mêmes. Le marché actuel est devenu plus fragmenté, avec des milliers de microentreprises qui récupèrent quelques miettes, et quelques gros acteurs et groupes avec un statut de quasi-monopole.

Ensuite, il y a des entreprises avec un bon potentiel de développement, qui ont créé un produit ou service viable et fortement demandé sur le marché. Ces entreprises se font aujourd'hui attaquer de tous parts et n'ont pratiquement plus de protection légale de leur propriété intellectuelle ou de leurs activités. Leur compétition est déloyale, et avance en défiant même les règlements et les lois existantes. L'entrepreneuriat copié, avec une recherche sur Google pendant son petit déjeuner est même devenu une nouvelle tendance.

Le problème actuel est qu'une trop grande majorité d'entreprises **ne peuvent plus se développer** ni investir ou embaucher de nouvelles personnes, et créer ainsi de l'emploi. Paradoxalement, un très grand nombre de ces nouvelles entreprises copiées, ou qui sont créées "*contre nature*" détruisent des postes de travail.

Une telle entreprise n'arrive même pas à dégager un profit suffisant pour payer ses taxes, des salaires, ou d'autres fournisseurs de services.

Afin de se faire une place sur la marché, les prix des services ou produits proposés par ces nouvelles entreprises sont de plus en plus à la baisse, leur qualité est souvent désastreuse, et les processus opérationnels sont inexistants par manque de maturité d'entreprise. Le client est mécontent et va voir ailleurs. La spirale baissière est ainsi enclenchée: moins de profits et ventes, moins de possibilités pour se développer, moins d'achats auprès d'autres entreprises.

Certains marchés et activités entrepreneuriales sont ainsi devenues plus fragmentées que jamais et non-viables économiquement.

Cette situation se retrouve dans toutes les régions du monde; ce n'est pas quelque chose qui arriverait seulement en Suisse.

# LE DÉSASTRE ENTREPRENEURIAL

Les régions et les états se retrouvent avec une grande cohorte d'entrepreneurs *"start-upeurs"* mais qui travaillent principalement en mode uberisé.

Par exemple, en Suisse, et selon les chiffres de fin 2018, ce chiffre se situait à 594'000 personnes.

Soyons réalistes: une très grande majorité de ces entrepreneurs ne le sont pas par choix, et plus de la moitié de ces structures n'ont pas de chiffre d'affaires, ne possèdent aucun employé, et sans être des indépendants non plus.

En d'autres mots, voici un demi-million de chômeurs déguisés, et qui ne figurent plus dans les statistiques officielles. Encore: plus de 90% des entreprises en Suisse ont moins de 10 employés.

A l'échelle d'une région et d'un pays ce n'est pas joli à voir.

C'est même très moche.

En vertu de la *"liberté d'entreprendre"* et *"innover"* alors tout le monde est perdant.

Les régions et les états investissent chaque année de millions dans diverses associations de *"soutien à l'entrepreneuriat"* et multiplient les programmes d'innovation, les aides, les prix, le nombre des personnes qui travaillent pour ces organismes, et les jolis sites web qui leur sont dédiés. Les journaux offrent une visibilité à ces nouveaux patrons d'entreprise.

En pratique, tout cet écosystème est souvent une coquille vide, sans résultats concrets sur le terrain.

De temps à l'autre, ces entreprises font la une des journaux parce qu'elles sont forcées de fermer pratiquement du jour au lendemain, et bien que leur valorisation fût considérée comme très intéressante.

**Au final, les résultats sont décevants**: très peu d'entreprises viables, encore moins d'innovation réelle par manque de fonds, et un nombre encore plus petit d'entreprises qui se développent et créent de l'emploi. Ces entreprises ne peuvent pas contribuer à la société; elles coûtent plus cher qu'elles n'en rapportent.

# LA VIABILITÉ D'UNE ENTREPRISE DANS L'ACTUELLE ÉCONOMIE

L'époque où il était possible de lancer son entreprise tout seul dans son garage n'existe plus.

La viabilité d'une entreprise passe aujourd'hui principalement par la **technologie de pointe, ou les sciences de la vie**. Or, ces entreprises ont un besoin accru en investissements, et qui se chiffrent en quelques centaines de millions de francs suisses. Le marché a changé. Je constate que nous sommes revenus vers les modèles économiques dits classiques, et où il fallait venir d'une bonne famille très riche pour être son propre *"patron"* ou un *"chef d'entreprise"* accompli.

Dans la pratique, et loin de quelques titres impressionnants dans la presse, les fonds de départ sont très insuffisants pour le développement des activités, alors quand il ne s'agit pas d'une absence totale de financement.

Malgré les jolies vidéos de promotion pour l'innovation et le développement d'entreprise et présentés par diverses structures de soutien, il est peu réaliste de penser à créer un vaccin dans sa salle de bain, ou encore, faire la soudure d'un système électronique miniaturisé sous le microscope qui se trouve sur la table de cuisine. Sans oublier que le bon carnet d'adresses n'est pas accessible à tous et chacun. Ainsi, les fondateurs de telles entreprises limitent leurs ambitions stratégiques.

Le but non-avoué de ce type de fondateur est *"se faire racheter"* par une autre grande entreprise, et continuer à y travailler comme ... employé.

Voici **l'entrepreneuriat uberisé**. Les grandes entreprises ont réussi à externaliser même le risque entrepreneurial.

Il ne faut pas rêver, les grandes entreprises et groupes qui prétendument *"aident"* l'écosystème des start-up ne le font que dans une démarche de communication à but marketing, ou le rachat préventif d'un futur compétiteur.

Encore: même si ces nouvelles entreprises ne se font pas racheter, et arrivent à dégager un profit, ces start-up restent fragiles. Les salaires de leurs collaborateurs sont très inférieurs à la médiane du marché, quand il ne s'agit pas de postes sur base de *"volontariat"* et stagiaires autonomes avec plus de 15 ans expérience. Les postes de travail offerts par une telle start-up sont instables. L'expérience de la productivité est très limitée, voire inexistante. Les ventes sont à un niveau similaire.

Peut-être que certaines de ces entreprises ont créé un service ou produit réellement innovant, mais qui est difficilement commercialisable pour diverses raisons.

Cela peut aussi être le cas d'un marché qui n'est pas encore prêt pour accepter une telle innovation.

Dans le pire des situations il peut s'agir d'un *"accident"* avec un compétiteur qui a volé une partie ou l'entier de sa propriété intellectuelle.

Cela peut être aussi à cause d'une toute autre raison comme l'instabilité économique d'une pandémie.

Et puis, un fondateur d'entreprise peut aussi tomber malade, sans aucun filet de sécurité sociale.

Tout cela fait partie de la vie quotidienne d'un entrepreneur, peu importe son secteur d'activité et sa localisation.

La vérité est que même pour des secteurs porteurs dans la technologie ou les sciences de la vie il y a de moins en moins de candidats à l'entrepreneuriat.

En effet, la création d'une entreprise comporte beaucoup de risques. Ces risques sont encore plus grands sur ces secteurs. De plus, les investissements nécessaires au départ se comptent minimalement en quelques centaines de milliers de francs. Et la vie d'un entrepreneur n'est pas de tout repos, avec beaucoup des nuits blanches.

Quant aux entreprises de services ou produits dits "*traditionnels*" il y a encore moins de personnes qui ont l'intuition pour faire des affaires, l'expérience opérationnelle pour choisir et implémenter la bonne stratégie, un capital de départ suffisant, ou bénéficient de la puissance d'un bon carnet d'adresse.

Or, ces éléments sont indispensables pour augmenter les chances de réussite de ce type d'entreprise.

Se lancer avec seulement quelques centaines de francs comme capital et tout faire soi-même n'est plus possible.

Les nouveaux entrepreneurs doivent en avoir conscience de cet état des faits. L'apprentissage "*gratuit*" sur Internet, l'externalisation dans les pays peu coûteux, tout comme les divers conseils de coach d'une autre époque (et qui souvent savent encore moins que le fondateur) ont tous leurs limites.

# LE DÉCALAGE DE L'ÉCOSYSTÈME ENTREPRENEURIAL

L'entrepreneuriat est à la mode surtout depuis la réduction du nombre des places de travail, l'automatisation des tâches, et une externalisation qui n'est pas toujours réussie. Il y a ainsi un grand décalage entre la manière comment les régions ou les pays prévoient d'attirer les entrepreneurs, et la réalité du terrain.

Aujourd'hui, le lancement d'une entreprise est présenté comme un travail amusant, qui a seulement des aspects positifs, et où il faut se lancer sans se poser trop de questions ou compétences opérationnelles.

N'en déplaise, la *"construction d'un avion en plein vol"* et telle l'image qui illustre la création d'entreprise nécessite quand même des compétences et un savoir-faire pratique. **Une très bonne dose de chance aussi**. Sans oublier le bon carnet d'adresses qui ouvre plein de portes.

Nombreux sont les entrepreneurs qui n'ont absolument aucune idée du quotidien vécu par le fondateur d'une entreprise. Cette approche n'est pas seulement nuisible, mais également contraire à la réalité. Cette réalité n'est pas remplie d'une musique énergisante, ni de jolis paysages. C'est plutôt le contraire: un entrepreneur travaille du matin au soir, et possède peu de temps pour admirer la nature. Encore, le monde entrepreneurial est cruel et maléfique. L'économie avance tellement vite que les lois, alors quand ils existent, sont très vite obsolètes. Un entrepreneur est seul, avec toutes ses souffrances.

La nouvelle tendance de l'entrepreneuriat uberisé s'apparente plutôt à **un spectacle de gladiateurs esclaves** qui se bagarrent pour plusieurs miettes, au lieu d'une réelle création de produits et services viables, emplois satisfaisants, et richesses.

Tout cela ne donne pas envie de se lancer. Ainsi, l'esprit d'entreprendre va continuer à décliner de plus en plus, partout dans le monde.

En bref, les scénarios envisagés par les fondateurs actuels c'est de créer une entreprise qui grandira suffisamment pour en acheter d'autres à son tour, soit rachetée par un grand groupe en situation de monopole, ou soit copiée (selon ce qui arrive en premier).

Enfin, puisque ces entreprises n'arrivent pas à se développer et créer de l'emploi, alors la voie entrepreneuriale sera encore plus difficile à vendre comme un ... divertissement.

Malheureusement, la création d'une entreprise est aujourd'hui présentée comme une activité ludique. Or, c'est loin d'être le cas.

La création d'une entreprise est toute une affaire.

Et même une affaire complexe.

# À PROPOS DE L'AUTEUR

**Elena Debbaut**

+25 ans de pratique dans le redressement des projets et entreprises en difficulté grâce à une approche holistique.

Certification internationale dans la gestion des projets complexes, les risques associés et la gestion de portefeuille. Expériences professionnelles soutenues par une formation académique et spécialisée couvrant les sciences (spécialité mathématique-physique), l'ingénierie, la communication, les lettres et sciences humaines.

Projets réalisés ou récupérés avec succès pour le compte de diverses structures d'entreprise, différentes tailles et industries diversifiées. Suivez les liens ci-après pour apprendre plus sur l'expérience, les projets, et les entreprises servies.

https://www.linkedin.com/in/elenadebbaut
https://www.consultingteam.solutions/
https://www.debbaut.solutions/

www.ingramcontent.com/pod-product-compliance
Lightning Source LLC
Chambersburg PA
CBHW031515210526
45464CB00007B/2925